AF198990

Impressum
Verlag: BABADADA GmbH, Nedderfeld 112 , 22529 Hamburg
Geschäftsführer / Verlagsleitung: Harald Hof
Druck: Books on Demand GmbH, In de Tarpen 42, 22848 Norderstedt

Imprint
Publisher: BABADADA GmbH, Nedderfeld 112 , 22529 Hamburg, Germany
Managing Director / Publishing direction: Harald Hof
Print: Books on Demand GmbH, In de Tarpen 42, 22848 Norderstedt

classroom
ba

divide
dadadada

186/2

board
babadada

school yard
bababa

teacher
dada

paper
dadadada

write
dadaba

pen
dadaba

desk
ba

write
dadaba

ruler
baba

book
dadaba

pupil
bababa

satchel
dadaba

pencil case
dada

pencil
bababa

pencil sharpener
dadaba

rubber
baba

drawing pad
ba

drawing

bababa

paintbrush

ba

paint box

dada

scissors

babadada

glue

dadaba

exercise book

dadadada

homework

babadada

number

bababa

add

dadaba

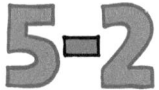

subtract

bababa

multiply

badada

calculate

dadababa

letter

babababa

alphabet

babababa

word

dada

text

babadada

read

dadadada

chalk

dada

lesson

babababa

register

ba

exam

baba

certificate

babababa

school uniform

babadada

education

babababa

encyclopedia

dadababa

university

babababa

microscope

dadababa

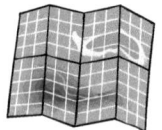

map

bababa

waste-paper basket

babadada

travel
baba

hotel
babadada
Grand
hostel
dadaba
ROOMS
bureau de change
dadadada
EXCHANGE
car
ado

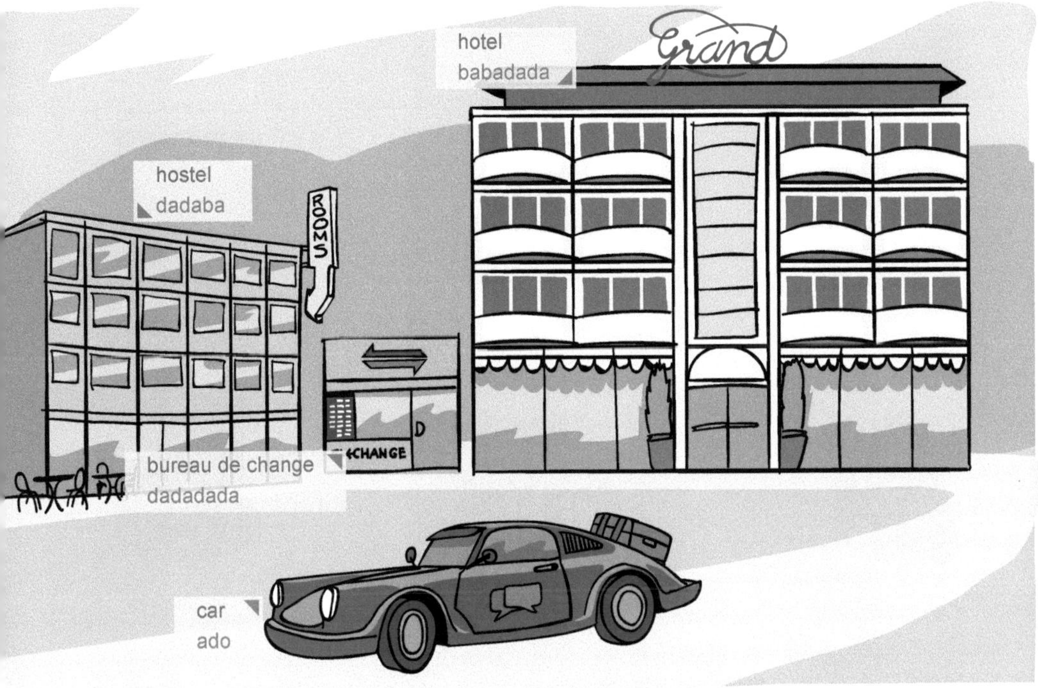

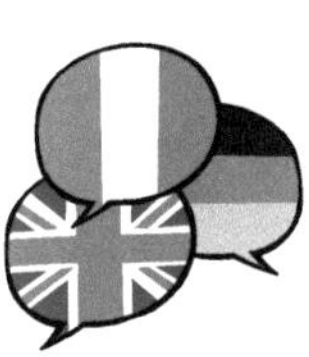

language

dadadada

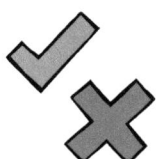

yes / no

da / meh

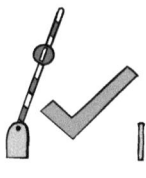

Okay

Oh

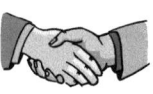

hello

ba

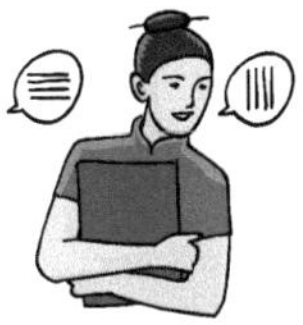

translator

dada

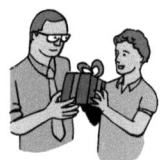

Thank you

dada

how much is...?

bababababa

I do not understand

ah

problem

dadaba

Good evening!

ba dada

Good morning!

babadada

Good night!

heia!

bye bye

dadaba

direction

badada

luggage

dada

bag

bababababa

backpack

bababababa

guest

baba

room

dadadada

sleeping bag

dadadada

tent

dada

tourist information

dadadada

beach

badada

credit card

babadada

breakfast

dadababa

lunch

baba

dinner

bababa

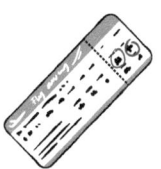

ticket

dada

lift

dada

stamp

babadada

border

badada

customs

dadaba

embassy

babadada

visa

dadaba

passport

dada da da da

aeroplane
baba

ship
dada

fire engine
baba

bus
bababab a

truck
bababa

motorboat
dada

bike
dadadada

car
ado

ferry
babadada

boat
baba

motorbike
bababa

police car
ado

racing car
ado

rental car

car sharing

dada

breakdown truck

ado

refuse truck

ado

motor

brumbrum!

fuel

bababa

petrol station

dada

traffic sign

dadaba

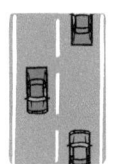

traffic

badada

traffic jam

ado ado

car park

babadada

train station

babababa

tracks

dada

train

dadaba

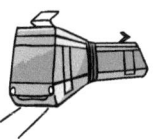

tram

baba

carriage

dadaba

helicopter

baba

airport

baba

tower

dadaba

passenger

baba

container

badada

carton

dada

cart

baba

basket

dadadada

take off / land

da / bada

city
dadaba

village

bababa

city centre

dadababa

house

dadaba

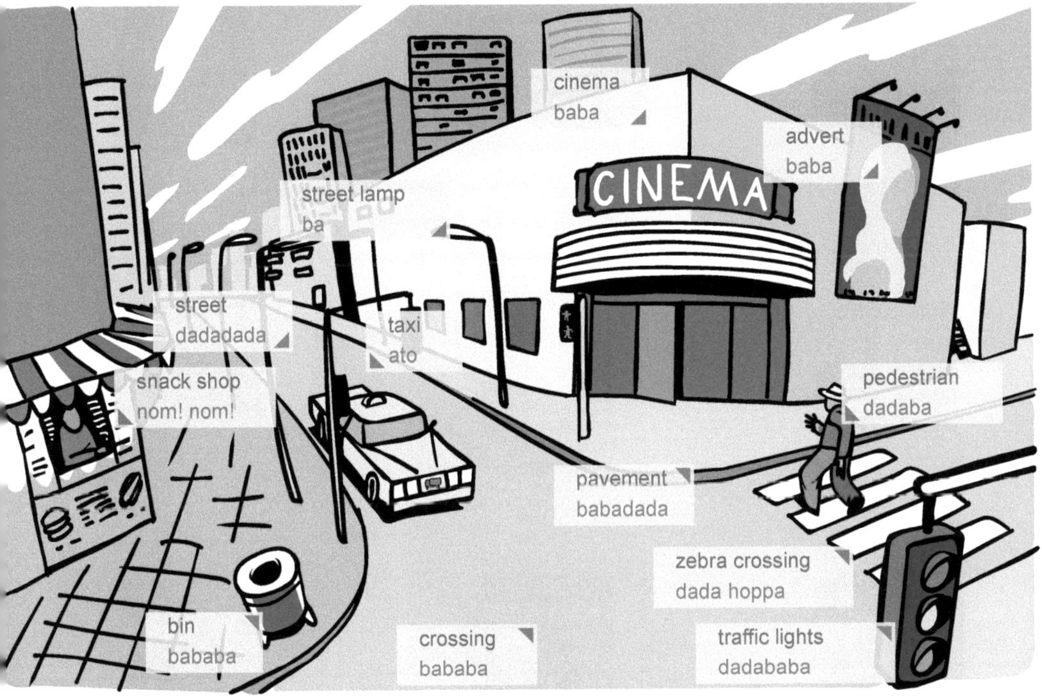

CINEMA
cinema
baba
advert
baba
street lamp
ba
street
dadadada
taxi
ato
snack shop
nom! nom!
pedestrian
dadaba
pavement
babadada
zebra crossing
dada hoppa
bin
bababa
crossing
bababa
traffic lights
dadababa

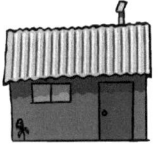

hut

babadada

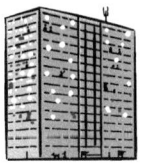

flat

dadadada

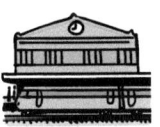

train station

babababa

town hall

dadaba

MUSEUM

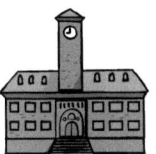

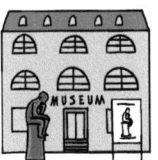

museum

bababa

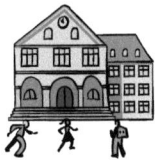

school

baba

university

bababab

bank

dadadada

hospital

aua!

hotel

babadada

pharmacy

aua!

office

baba

book shop

bababa

shop

ba

florist's

dadaba

supermarket

dada nom nom

market

dadadada

department store

dadadada

fishmonger's

nom! nom!

shopping centre

baba

harbour

ba

park

dadadada

bench

baba

bridge

babababa

stairs

dadadada

underground

bababa

tunnel

baba

bus stop

ba

bar

babababa

restaurant

nom nom!

postbox

dadaba

street sign

dada

parking meter

baba

zoo

bababa

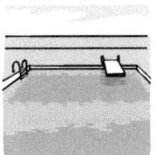

swimming pool

dada

mosque

baba

farm

dadaba

pollution

dadababa

graveyard

bababa

church

ba

playground

dadababa

temple

bababa

landscape

dada

signpost
baba

way
dada

meadow
bababa

stone
baba

tree
dadababa

hiker
dada

river
bababa

grass
dada

flower
mama!

valley

badada

hill

bababa

lake

dadadada

forest

dadadada

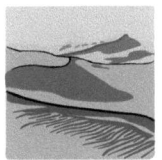

desert

dadababa

volcano

dadaba

castle

babababa

rainbow

dadaba

mushroom

bababa

palm tree

dadababa

mosquito

aua!

fly

badada

ant

dadababa

bee

summ summ

spider

dada

beetle

dadaba

frog

quak

squirrel

dadababa

hedgehog

dadaba

hare

baba

owl

gackgack

bird

gackgack

swan

gackgack

boar

babadada

deer

dadadada

moose

dadadada

dam

dadadada

wind turbine

ba

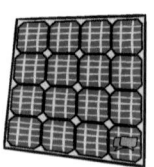

solar panel

dadadada

climate

bababa

restaurant
nom nom!

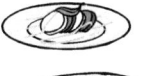

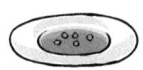

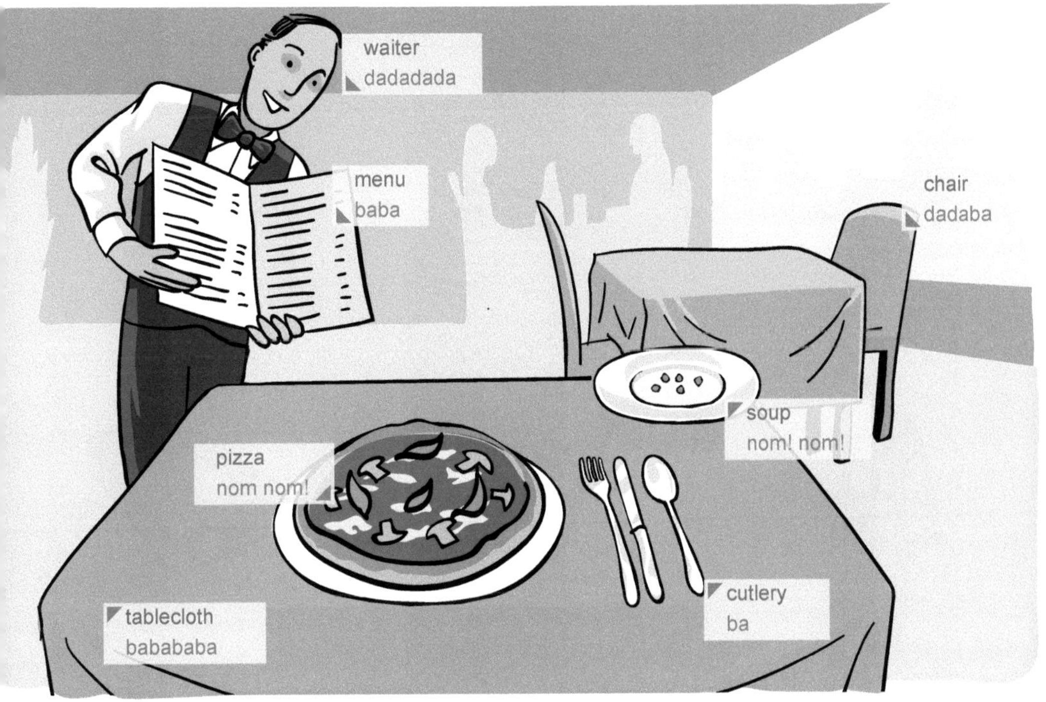
waiter
dadadada
menu
baba
chair
dadaba
soup
nom! nom!
pizza
nom nom!
tablecloth
babababa
cutlery
ba

starter
....
nom! nom!

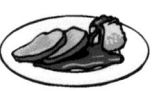

main course
....
nom! nom!

dessert
....
nom nom!

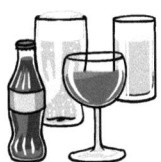

drinks
....
dadababa

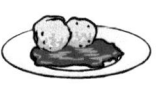

food
....
nom nom!

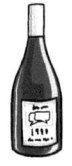

bottle
....
nom nom!

fast food

nom! nom!

street food

nom! nom!

teapot

babababa

sugar bowl

nom! nom!

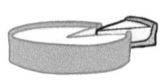

portion

nom nom!

espresso machine

dadaba

high chair

bababa

bill

ba

tray

bababa

knife

ba

fork

babadada

spoon

dadaba

teaspoon

bababa

serviette

dadaba

glass

ba

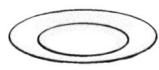

plate

nom nom!

soup plate

bababa

saucer

bababa

sauce

nom! nom!

salt pot

dadadada

pepper mill

dadaba

vinegar

bähbäh

oil

dadababa

spices

dadababa

ketchup

nom! nom!

mustard

nom! nom!

mayonnaise

nom nom!

supermarket
dada nom nom

special offer
dadababa
FOR
customer
dadaba
dairy
dadaba
fruit
nom nom!
trolley
baba

BUTCHERS

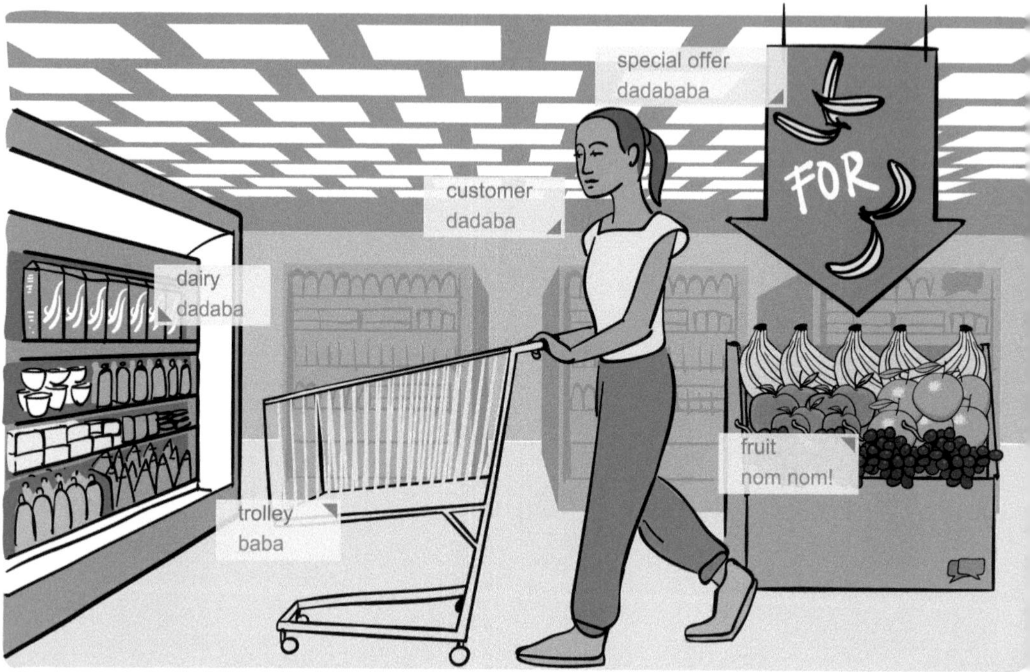

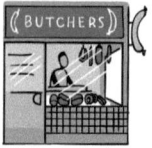

butcher´s

dadaba

BAKERY

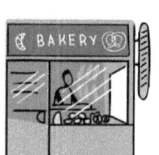

baker´s

nom! nom!

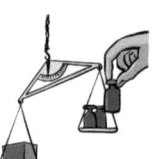

weigh

bababa

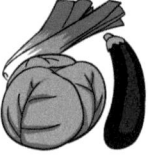

vegetables

bähbäh

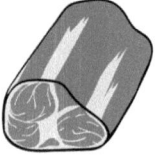

meat

nom nom!

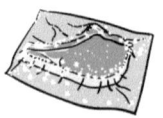

frozen food

nomnom

cold meat
nom nom!

tinned food
nomnom

washing powder
bababa

sweets
baba

household products
dadaba

cleaning products
dadababa

salesperson
bababa

till
bababa

cashier
dadaba

shopping list
dada

opening hours
dadababa

wallet
baba

credit card
babadada

bag
dadababa

plastic bag
dadababa

drinks

dadababa

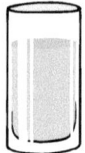

water

wasa

juice

dadadada

milk

badada

coke

ba

wine

bababa

beer

dadadada

alcohol

dadaba

cocoa

bababa

tea

dadababa

coffee

dada

espresso

dadaba

cappuccino

dadababa

banana

nane

apple

nom nom!

orange

bababa

melon

nom nom!

lemon

nom nom!

carrot

bähbäh

garlic

bada meh

bamboo

dadaba

onion

dadaba

mushroom

nom nom!

nuts

nom nom!

noodles

nom nom!

spaghetti

nom nom!

rice

nom nom!

salad

nom nom!

chips

nom nom!

fried potatoes

nom nom!

pizza

nom nom!

hamburger

nom nom!

sandwich

nom nom!

cutlet

nom nom!

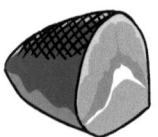

ham

nom nom!

salami

nom nom!

sausage

nom nom!

chicken

gack gack

roast

nom nom!

fish

nom nom!

food - nom nom!

porridge oats

nom nom!

muesli

bähbäh

cornflakes

nom nom!

flour

nom nom!

croissant

nom nom!

bread roll

babadada

bread

nom! nom!

toast

nom nom!

biscuits

nom nom!

butter

nom nom!

curd

nom nom!

cake

nom nom

egg

dadaba

fried egg

nom nom!

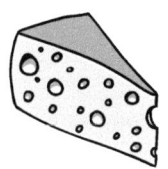

cheese

bada muh

ice cream

nom nom!

sugar

nom nom!

honey

baba summ

jam

nom nom!

chocolate spread

nom nom!

curry

babadada

goat

baba

cow

muh

calf

mimuh

pig

mama oink

piglet

oink

bull

dadadada

goose

gackgack

duck

gackquack

chick

gacki

hen

gackgack

cock

gacko

rat

dada

cat

mau

mouse

bababa

ox

muh

dog

wauwau

doghouse

wauwau

garden hose

baba

watering can

dadababa

scythe

baba

plough

dadababa

sickle

baba

hoe

dadadada

pitchfork

dada

axe

bababa

wheelbarrow

babababa

trough

baba

milk can

dada muh

sack

dadababa

fence

badada

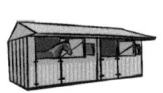

stable

dadadada

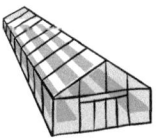

greenhouse

ba

soil

babadada

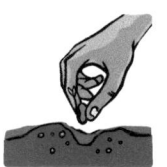

seed

baba

fertilizer

baba

combine harvester

dadababa

harvest

bababa

harvest

dadadada

yams

dadaba

wheat

dadababa

soy

dadababa

potato

bababa

corn

badada

rapeseed

bababa

fruit tree

bababa

cassava

dadadada

cereals

dadababa

living room

dadadada

bathroom

bababa

kitchen

bababa

bedroom

dadababa

child's room

meina

dining room

dadaba

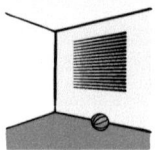

floor

badada

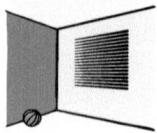

wall

dadababa

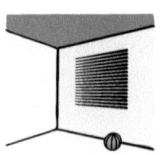

ceiling

bababa

cellar

dada

sauna

dadababa

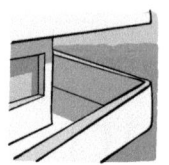

balcony

babababa

terrace

dadadada

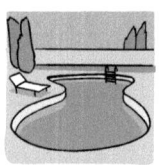

pool

bababa

lawn mower

baba

sheet

dadaba

bedspread

babadada

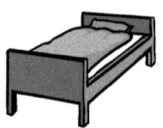

bed

heia!

broom

dada

bucket

dadaba

switch

dadababa

living room
dadadada

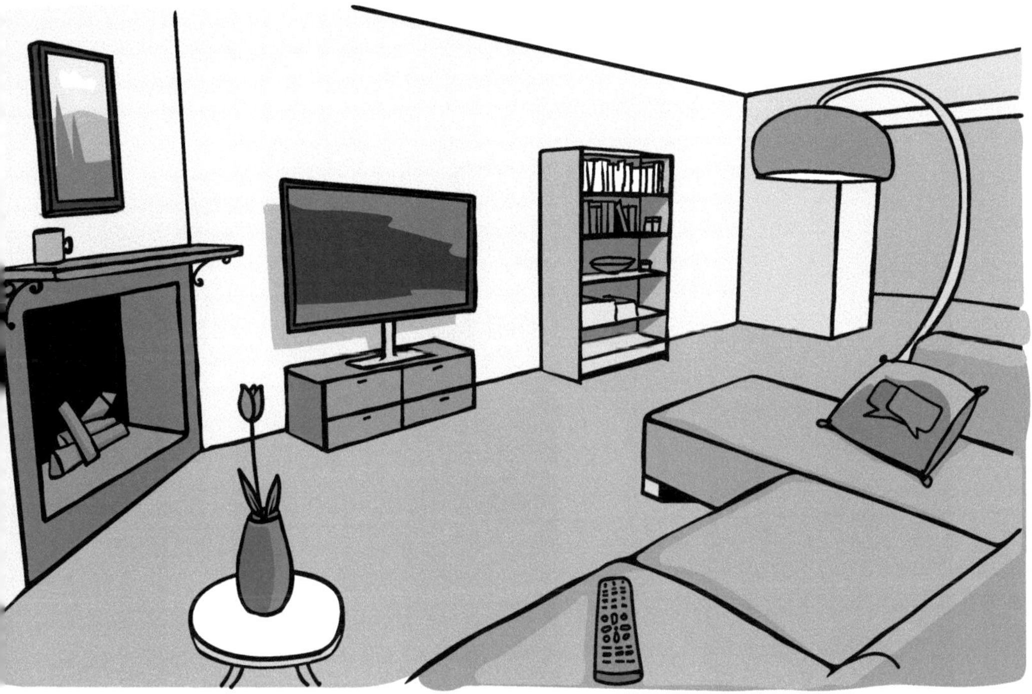

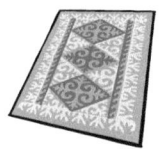

carpet
dada

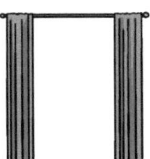

curtain
bababa

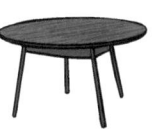

table
ba

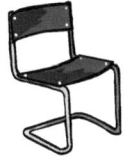

chair
dadaba

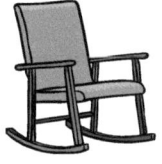

rocking chair
dadadada

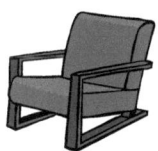

armchair
bababa

book
dadaba

blanket
dadadada

decoration
dadaba

firewood
ba

film
dadadada

hi-fi equipment
lala

key
babadada

newspaper
dadadada

painting
dadadada

poster
bababa

radio
lala

notepad
dadababa

hoover
babadada

cactus
aua!

candle
babadada

kitchen
bababa

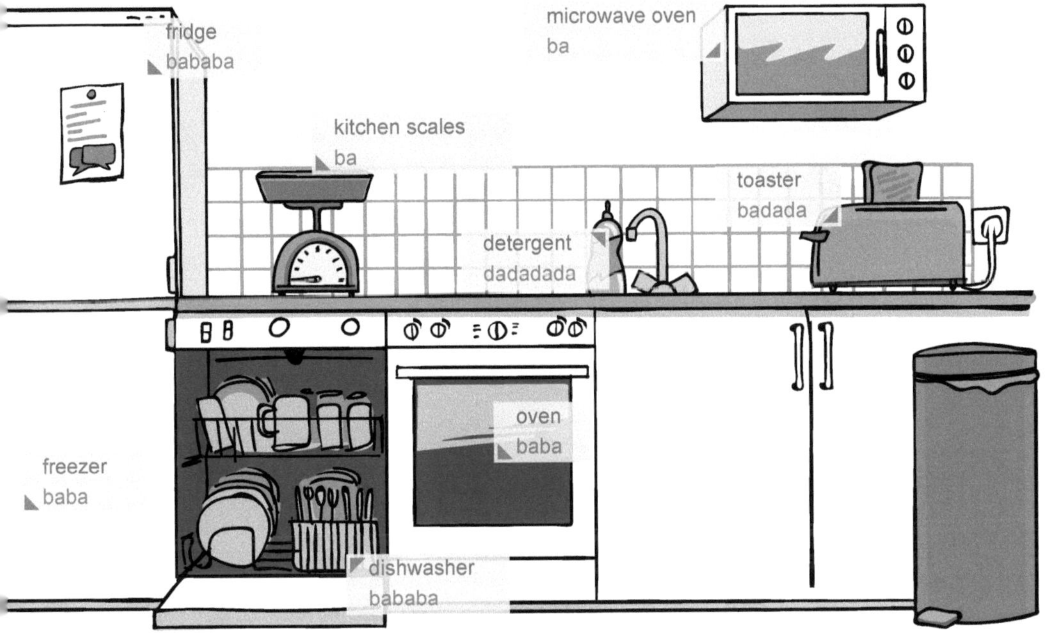

fridge
bababa
microwave oven
ba
kitchen scales
ba
toaster
badada
detergent
dadadada
oven
baba
freezer
baba
dishwasher
bababa

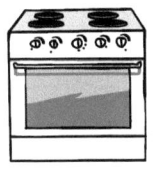

cooker

dada

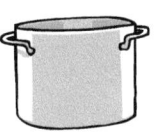

pot

dada

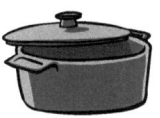

cast-iron pot

dada

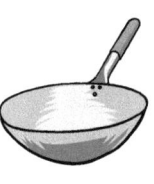

wok / kadai

baba / dada

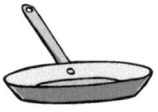

pan

badada

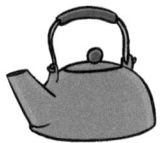

kettle

ba

steamer

dadababa

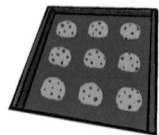

baking tray

bababa

crockery

dadaba

mug

dadadada

bowl

dadaba

chopsticks

baba

ladle

dadaba

spatula

dadadada

whisk

badada

strainer

dada

sieve

bababa

grater

baba

mortar

dadababa

barbecue

dada

open fire

aua!

chopping board

dadababa

rolling pin

bababab

corkscrew

dadababa

can

dadadada

can opener

bababa

pot holder

dadababa

sink

dadadada

brush

dadababa

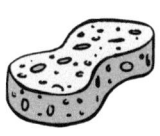

sponge

ba

blender

aua!

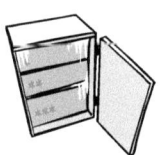

deep freezer

babadada

baby bottle

bababa

tap

dadadada

bathroom
bababa

heating
babadada
towel
ba
shower
bababa
shower curtain
babababa
bubble bath
wasa
bathtub
baba
glass
ba
washing machine
baba
tiles
badada
tap
dadadada
potty
kaka
sink
dadadada

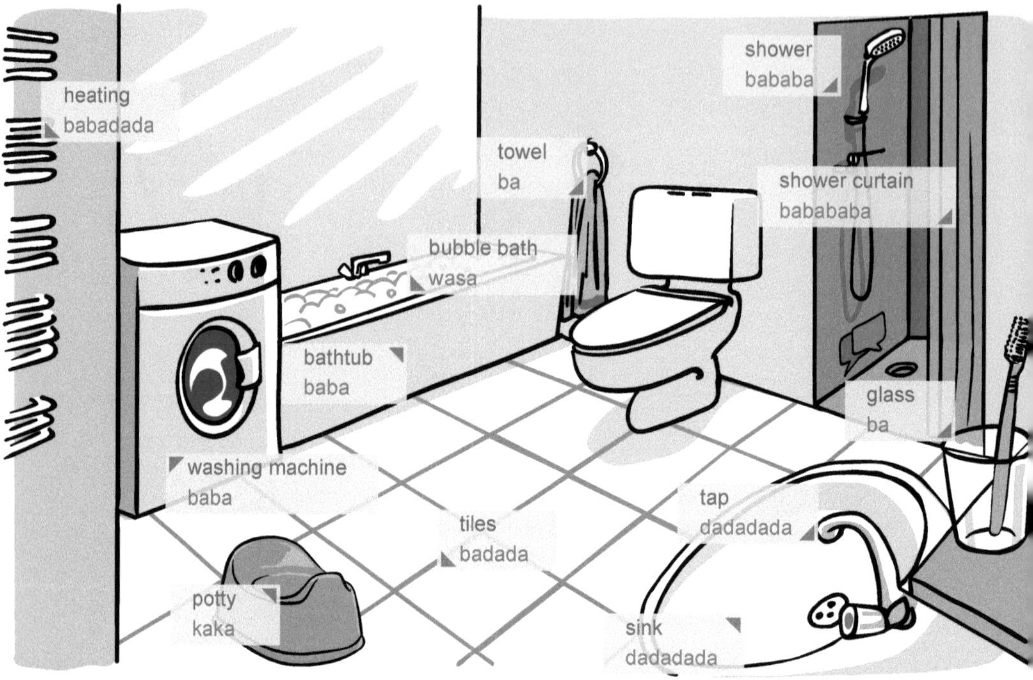

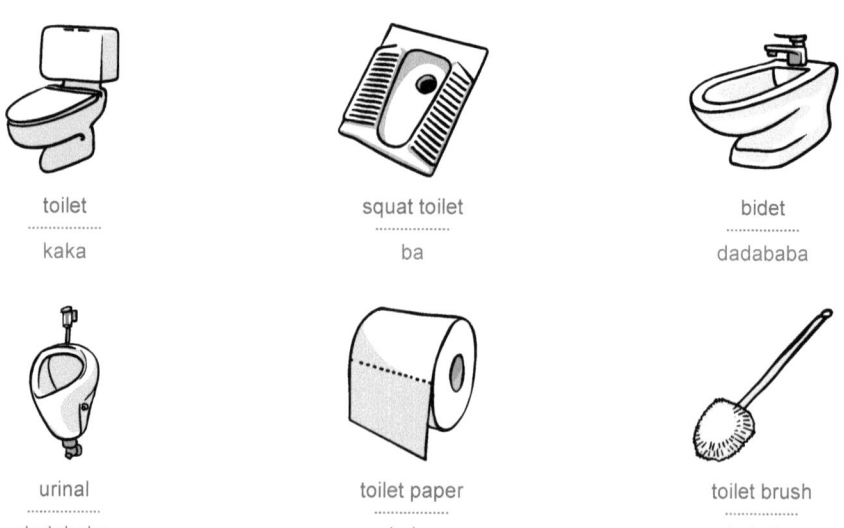

toilet
kaka

squat toilet
ba

bidet
dadababa

urinal
dadababa

toilet paper
kaka

toilet brush
bababa

toothbrush

bababa

toothpaste

nom! nom!

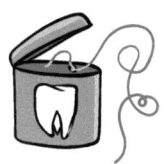

dental floss

dadadada

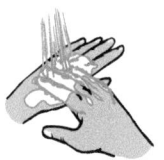

wash

bababa

handheld shower

babababa

douche

dadadada

basin

badada

back brush

dadadada

soap

nom! nom!

shower gel

nom! nom!

shampoo

nom! nom!

flannel

babadada

drain

dadaba

cream

nom! nom!

deodorant

babababa

mirror

dadadada

hand mirror

dadadada

razor

ba

shaving foam

nom! nom!

aftershave

nam! nam!

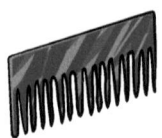

comb

dadababa

brush

baba

hair dryer

dadadada

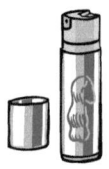

hairspray

badada

makeup

dadaba

lipstick

mama!

nail varnish

ba

cotton wool

bababa

nail scissors

dadadada

perfume

bababa

washbag

dadadada

stool

bababa

weighing scale

dadadada

bathrobe

ba

rubber gloves

babababa

tampon

ba

sanitary towel

bababa

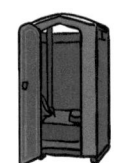

chemical toilet

baba

child's room

meina

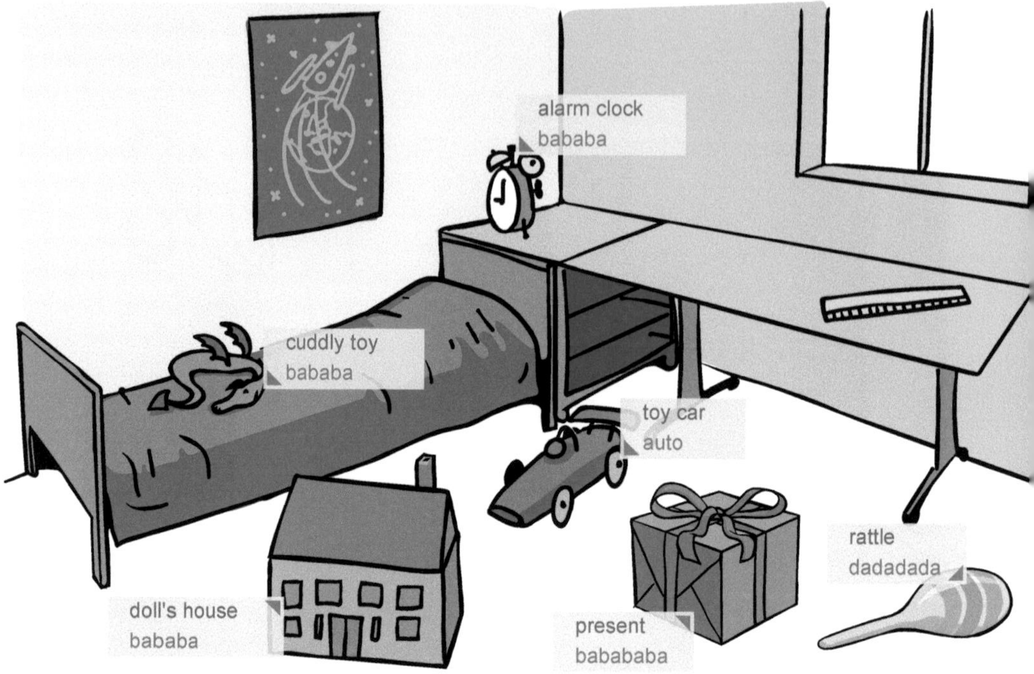

alarm clock
bababa
cuddly toy
bababa
toy car
auto
rattle
dadadada
doll's house
bababa
present
babababa

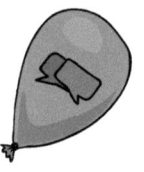

balloon

dadadada

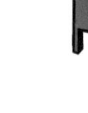

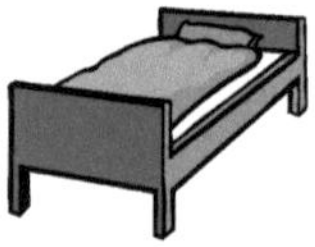

bed

heia!

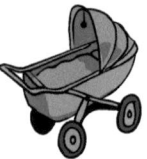

pram

dadaba

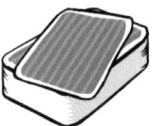

deck of cards

dadababa

jigsaw

bababa

SUPER
MEGA

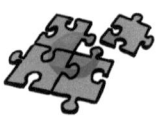

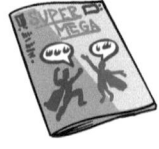

comic

dadababa

lego bricks

badada

building blocks

badada

action figure

dada

babygrow

dadadada

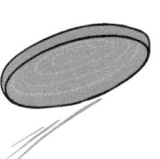

frisbee

dadaba

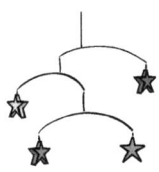

mobile

dadaba

board game

ba

dice

baba

model train set

dadababa

dummy

lula

party

baba

picture book

dadaba

ball

dada

doll

dada

play

badada

sandpit

dadaba

swing

babababa

toys

dadababa

video game console

dadaba

tricycle

babadada

teddy bear

dadababa

wardrobe

dadaba

clothing

baba

socks

dadadada

stockings

ba

tights

dada

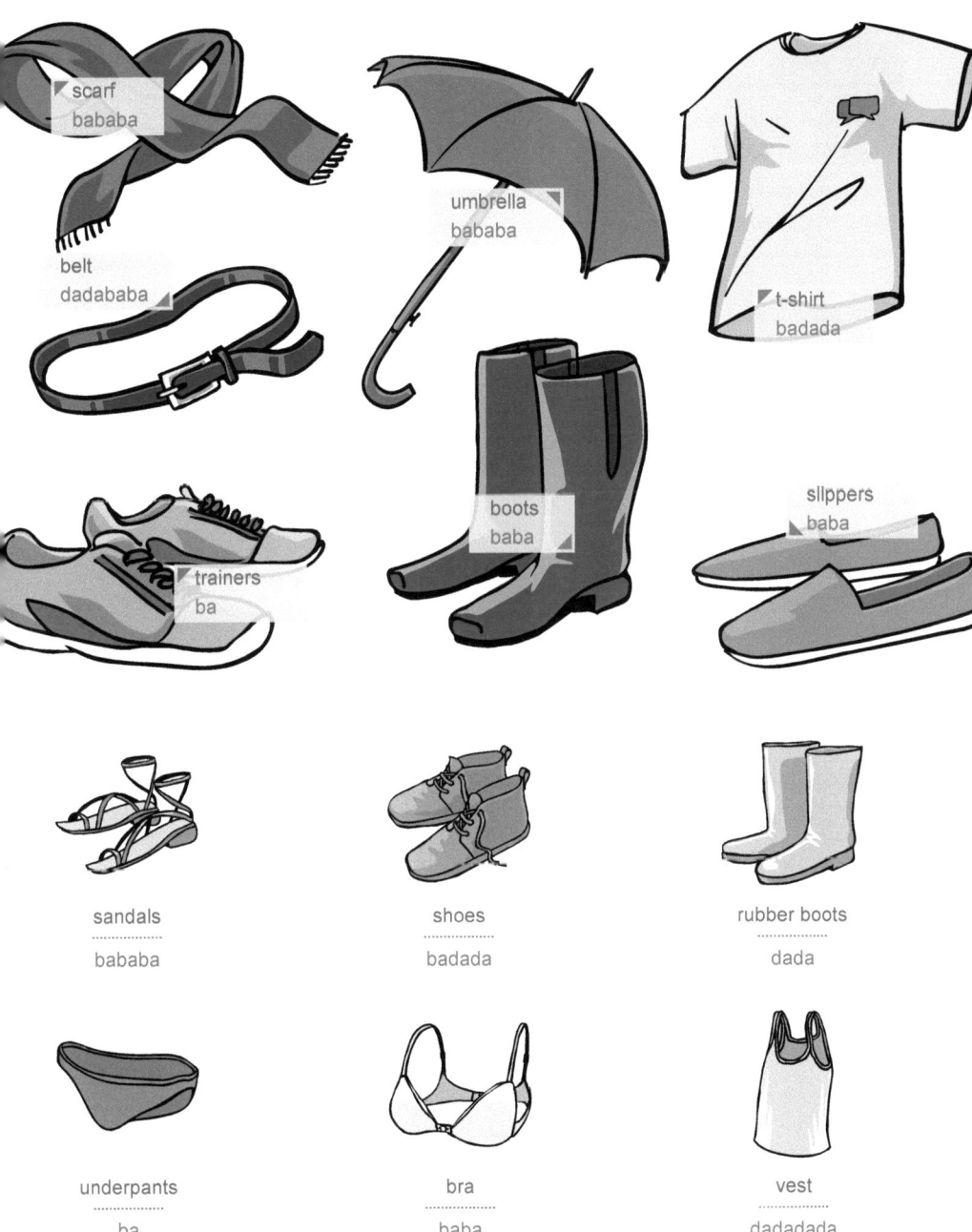

scarf
bababa

umbrella
bababa

t-shirt
badada

belt
dadababa

boots
baba

slippers
baba

trainers
ba

sandals
bababa

shoes
badada

rubber boots
dada

underpants
ba

bra
baba

vest
dadadada

clothing - baba

body

badada

trousers

ba

jeans

bababa

skirt

dada

blouse

bababa

shirt

dadadada

pullover

baba

hoodie

baba

blazer

babadada

jacket

baba

coat

bababa

raincoat

dadababa

costume

bababa

dress

ba

wedding dress

dadaba

suit

dadadada

nightgown

babababa

pyjamas

heia

sari

baba

headscarf

dadadada

turban

dada

burqa

dada

kaftan

baba

abaya

dadadada

swimsuit

wasa

trunks

bababa

shorts

dadababa

tracksuit

babababa

apron

baba

gloves

babababa

button
dadaba

glasses
babadada

bracelet
dada

necklace
dadababa

ring
bababa

earring
dadababa

cap
dada

coat hanger
babadada

hat
dadababa

tie
bababa

zip
badada

helmet
dadaba

braces
dada

school uniform
babadada

uniform
bababababa

bib
namnam

dummy
lula

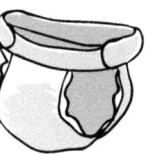

nappy
kaka!

office
baba

server
dadaba

filing cabinet
dadababa

printer
badada

monitor
dadadada

paper
dadadada

mouse
baba

desk
ba

folder
dadaba

keyboard
dada

chair
bababa

waste-paper basket
babadada

computer
dada

coffee mug
dada

calculator
bababa

internet
da da

laptop

papa!

letter

dadababa

message

ba

mobile

fon

network

bababa

photocopier

ba

software

bababa

telephone

dada bing

plug socket

aua!

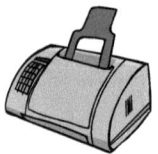

fax machine

bababa

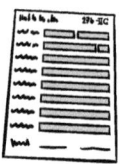

form

dadaba

document

bababa

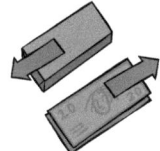

buy

baba

pay

dadadada

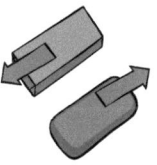

trade

dadaba

money

badada

dollar

babadada

euro

dadaba

yen

bababa

rouble

ba

Swiss franc

dada

renminbi yuan

dada

rupee

ba

cashpoint

ba

bureau de change

dadadada

gold

dadadada

silver

baba

oil

dadadada

energy

ba

price

dadadada

contract

baba

tax

bababa

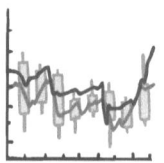

stock

dadadada

work

dadaba

employee

dadadada

employer

dadababa

factory

dadaba

shop

ba

occupations
ba

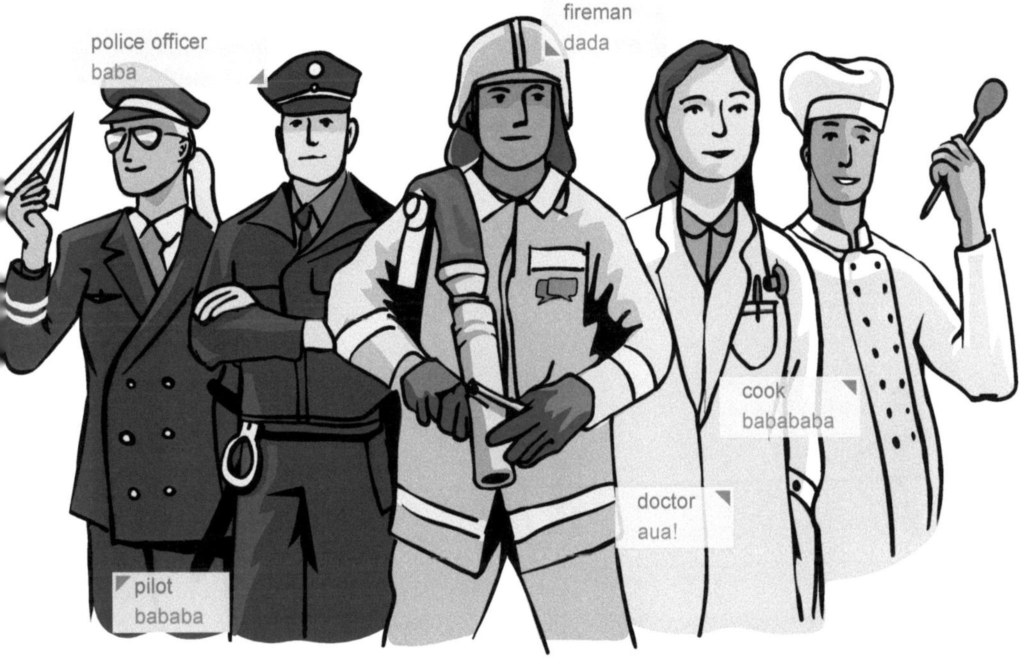
police officer
baba
fireman
dada
cook
babababa
doctor
aua!
pilot
bababa

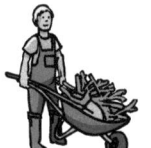

gardener

bababa

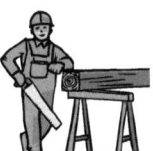

carpenter

bababa

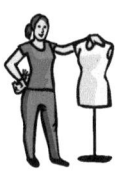

seamstress

baba

judge

bababa

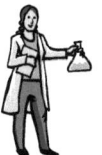

chemist

dadaba

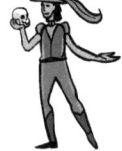

actor

dadababa

bus driver
ba

taxi driver
auto mann

fisherman
bababa

cleaning lady
dadadada

roofer
dadadada

waiter
dadadada

hunter
badada

painter
dadadada

baker
dadababa

electrician
papa!

builder
babababa

engineer
bababa

butcher
dadababa

plumber
dadadada

postman
bababa

soldier

dadadada

architect

ba

cashier

dadaba

florist

bababa

hairdresser

babadada

conductor

bababa

mechanic

dadaba

captain

dada

dentist

badada

scientist

ba

rabbi

bababa

imam

dadaba

monk

dada

clergyman

dadadada

hammer
baba

pliers
baba

screwdriver
babababa

spanner
dadababa

torch
dadaba

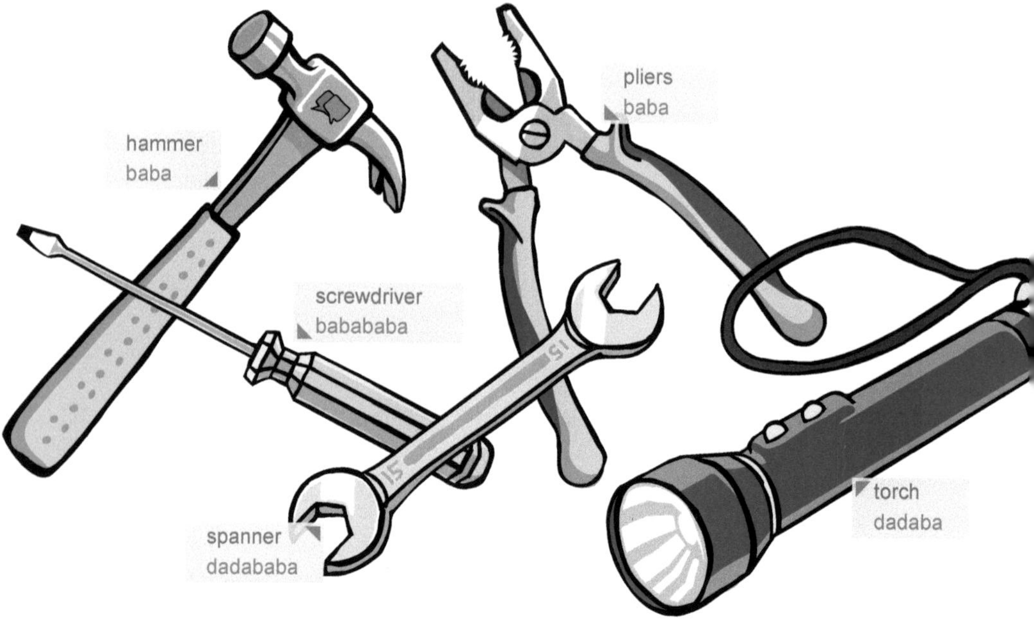

digger
dadaba

toolbox
baba

ladder
babababa

saw
dadaba

nails
babadada

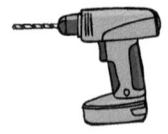

drill
dada

repair

dadababa

shovel

dada

Damn!

aua!

dustpan

dada

paint pot

dadaba

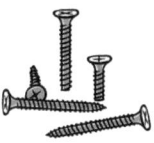

screws

babababa

musical instruments
bababa

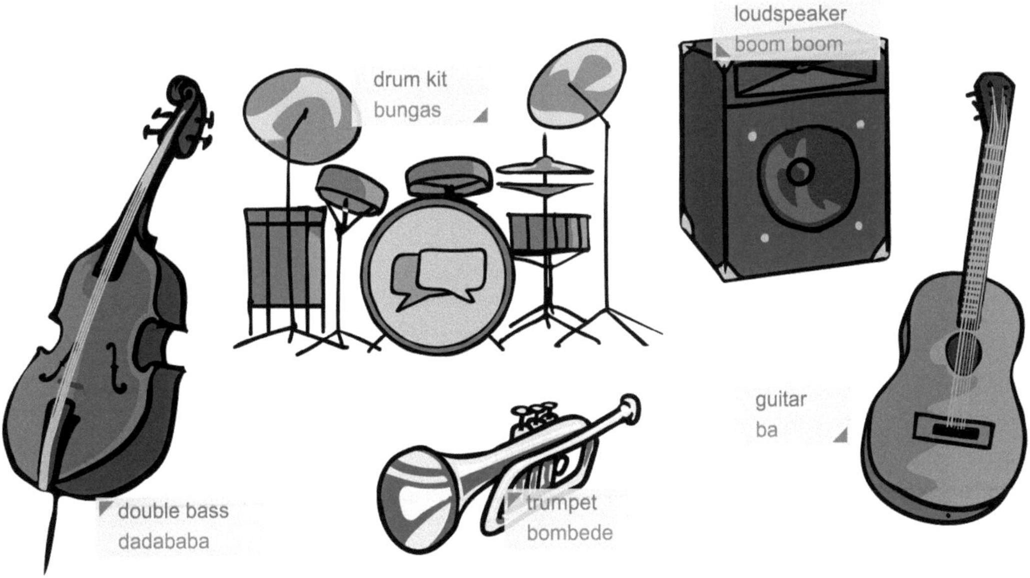

loudspeaker
boom boom

drum kit
bungas

guitar
ba

double bass
dadababa

trumpet
bombede

piano

bingbing

violin

bababa

bass

ba

timpani

badada

drums

bunga bunga

keyboard

badada

saxophone

dadababa

flute

dadababa

microphone

dadadada

zoo
bababa

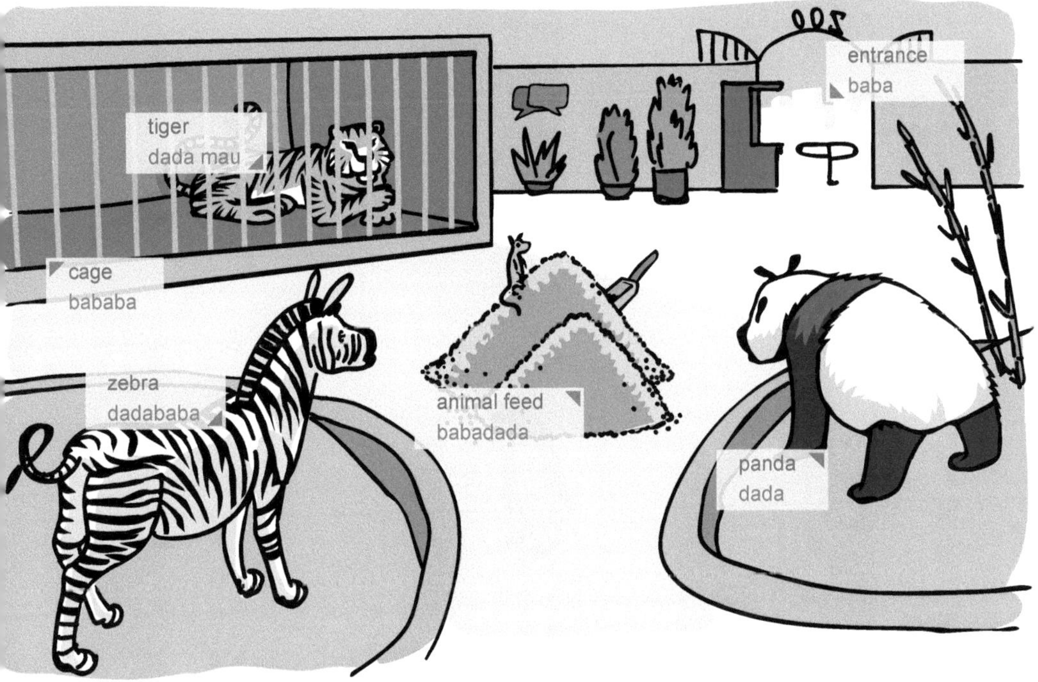
entrance
baba
tiger
dada mau
cage
bababa
zebra
dadababa
animal feed
babadada
panda
dada

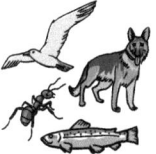

animals

dadadada

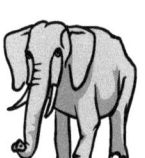

elephant

bababa

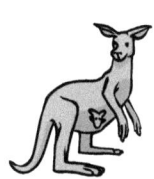

kangaroo

dadaba

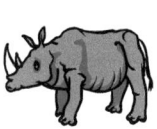

rhino

babadada

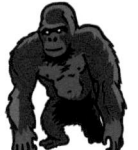

gorilla

dada

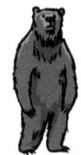

bear

babababa

camel

dadaba

ostrich

gackgack

lion

babadada

monkey

dadaba

flamingo

gackgack

parrot

bababa

polar bear

bababa

penguin

dada

shark

bababa

peacock

dadaba

snake

badada

crocodile

babababa

zookeeper

dadadada

seal

dada

jaguar

bababa

pony

ei!

leopard

dadadada

hippo

dada

giraffe

babababa

eagle

bababa

boar

babadada

fish

nom nom!

turtle

dadadada

walrus

anje

fox

dadadada

gazelle

bababa

American football
dadababa

cycling
dadaba

tennis
bum bum

basketball
ball

swimming
badada

ice hockey
baba

boxing
aua!

football
dadadada

badminton
badada

athletics
dadababa

handball
ball

skiing
dadadada

polo
baba

jump
dada

laugh
baba

hug
bababa

sing
dadababa

walk
dada

pray
dadadada

kiss
mama!

dream
dadababa

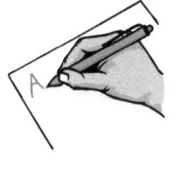

write

dadaba

draw

dada

show

dadababa

push

dada

give

badada

take

dadaba

have

dadaba

do

dadadada

be

babadada

stand

dadadada

run

baba

pull

dadababa

throw

dadadada

fall

dadaba

lie

badada

wait

dadaba

carry

bababa

sit

ba

get dressed

dadababa

sleep

heia!

wake up

bababa

look at

bababababa

cry

baaaaaa

stroke

dadadada

comb

bababa

talk

bababa

understand

baba

ask

badada

listen

dadababa

drink

bababa

eat

nomnom!

tidy up

badada

love

ba

cook

badada

drive

dadababa

fly

dadadada

sail

dadababa

calculate

dadababa

read

dadadada

learn

dadababa

work

dadaba

marry

baba

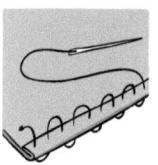

sew

dada

brush teeth

aua!

kill

aua!

smoke

dadababa

send

bababab a

grandmother
oma!

grandfather
opa!

father
papa!

mother
mama!

baby
bebi

daughter
ba

son
badada

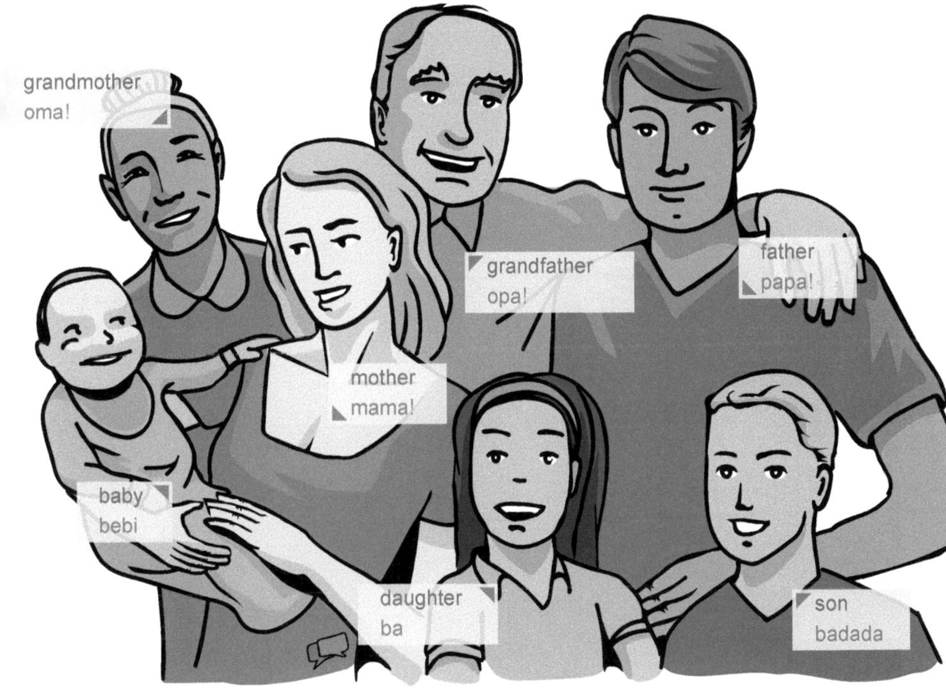

guest

baba

aunt

ba

uncle

bababa

brother

nein!

sister

nein!

body
dadababa

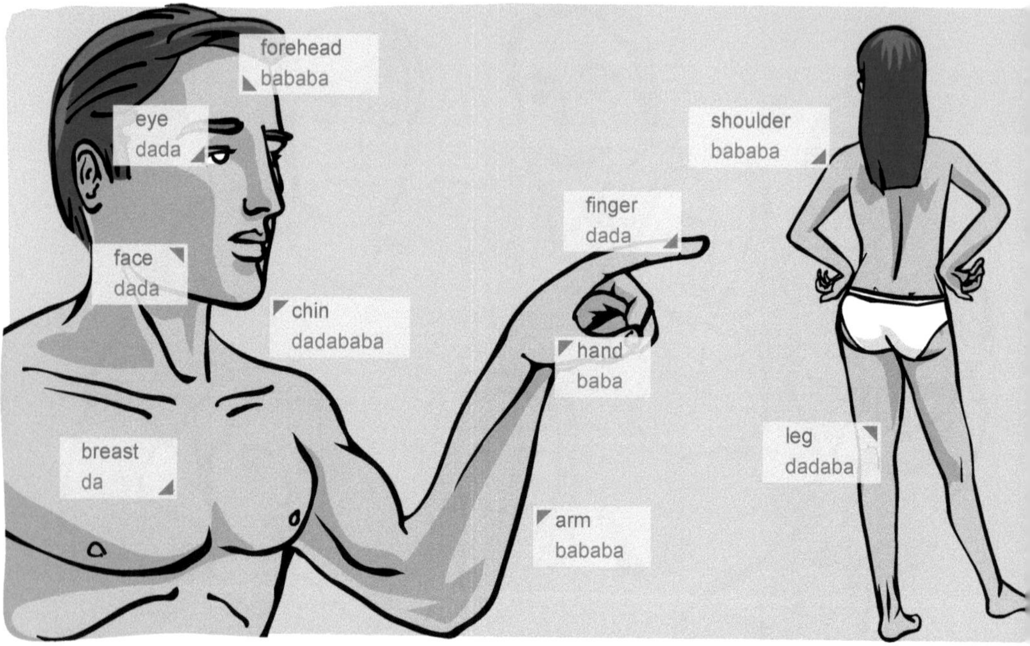

forehead
bababa

eye
dada

shoulder
bababa

finger
dada

face
dada

chin
dadababa

hand
baba

breast
da

leg
dadaba

arm
bababa

baby

bebi

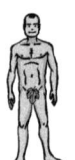

man

papa!

woman

mama

girl

baba

boy

babadada

head

bababa

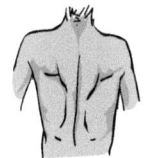	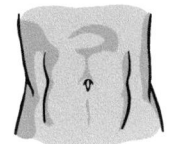	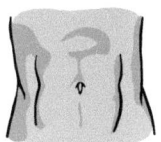
back	belly	belly button
baba	dadababa	dada
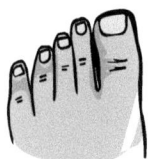	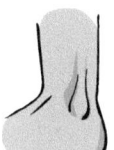	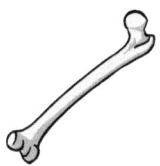
toe	heel	bone
dadababa	ba	badada
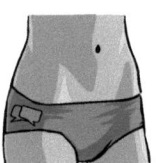	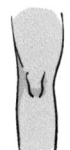	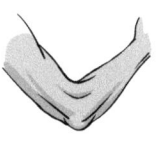
hip	knee	elbow
bababa	dada	dadadada
	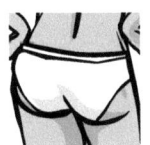	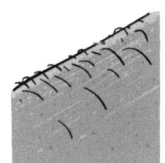
nose	bottom	skin
bababa	popo	dadaba
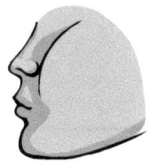	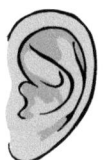	
cheek	ear	lip
badada	dada	babababa

mouth

dadababa

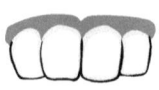

tooth

dadadada

tongue

baba

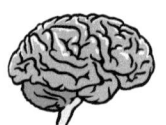

brain

dadadada

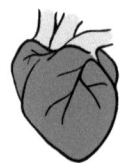

heart

baba

muscle

dada

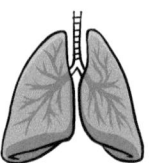

lung

dada

liver

dada

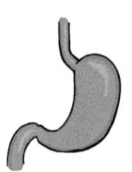

stomach

dadababa

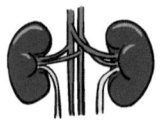

kidneys

dadaba

sex

babadada

condom

dada

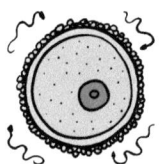

ovum

badada

semen

dadababa

pregnancy

dadababa

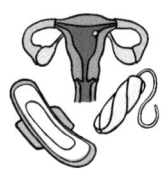

menstruation

ba

vagina

mumu

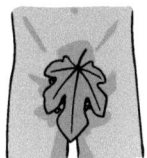

penis

pipi

eyebrow

dada

hair

dadababa

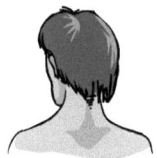

neck

bababa

hospital
aua!

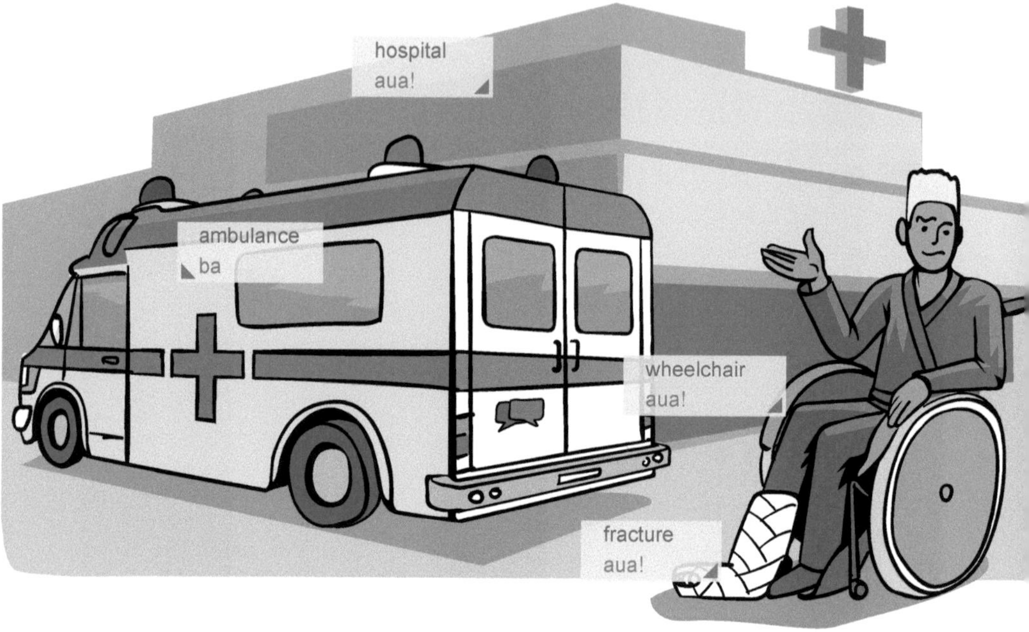

ambulance
ba

wheelchair
aua!

fracture
aua!

doctor
aua!

emergency room
aua!

nurse
aua!

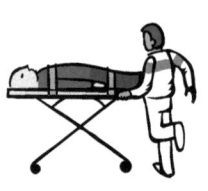

emergency
aua!

unconscious
aua!

pain
dadababa

injury

aua!

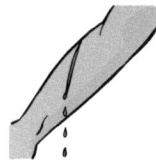

bleeding

dadadada

heart attack

aua!

stroke

aua!

allergy

dadababa

cough

aua!

fever

aua!

flu

aua!

diarrhoea

aua!

headache

aua!

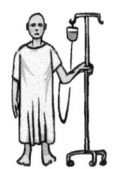

cancer

aua!

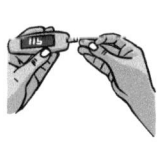

diabetes

aua!

surgeon

aua!

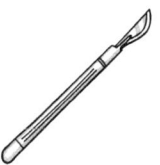

scalpel

aua!

operation

aua!

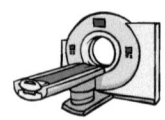

CT

aua!

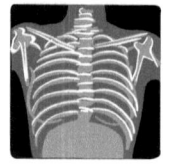

x-ray

aua!

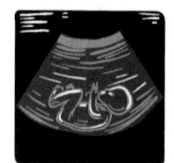

ultrasound

aua!

face mask

aua!

disease

aua!

waiting room

aua!

crutch

aua!

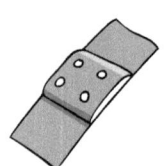

plaster

aua!

bandage

dadababa

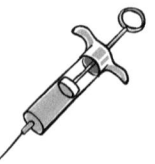

injection

aua!

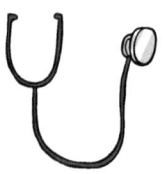

stethoscope

aua!

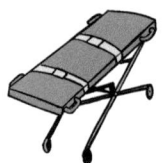

stretcher

aua!

clinical thermometer

aua!

birth

aua! bebi!

overweight

aua!

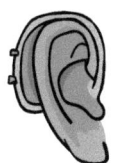

hearing aid

aua!

disinfectant

aua!

infection

aua!

virus

aua!

HIV / AIDS

aua!

medicine

aua!

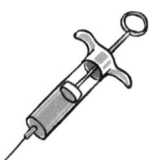

vaccination

aua!

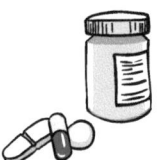

tablets

aua!

pill

dadaba

emergency call

aua!

blood pressure monitor

aua!

ill / healthy

da / ba

Help! aua!	 alarm aua!	 assault aua!
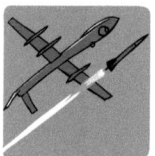 attack aua!	 danger aua!	 emergency exit dadadada
Fire! dadaba	 fire extinguisher dadaba	 accident aua! aua!
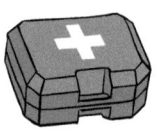 first-aid kit aua!	 SOS baba	 police dadadada

Europe

badada

North America

dadaba

South America

dadababa

Africa

dadaba

Asia

dadaba

Australia

babababa

Atlantic

badada

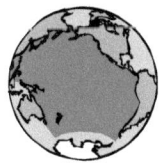

Pacific

dadaba

Indian Ocean

baba

Antarctic Ocean

bababa

Arctic Ocean

dadababa

North Pole

bababa

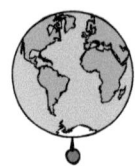

South Pole

dadababa

Antarctica

dadaba

Earth

dada

land

dadaba

sea

badada

island

dadadada

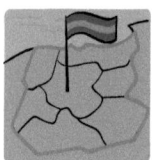

nation

dadadada

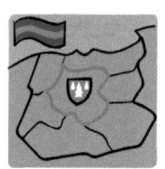

state

dadababa

clock face

baba

hour hand

babadada

minute hand

baba

second hand

bababa

What time is it?

dadababa

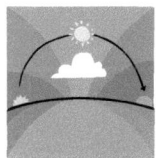

day

babadada

time

dada

now

baba

digital watch

dadababa

minute

dadababa

hour

bababa

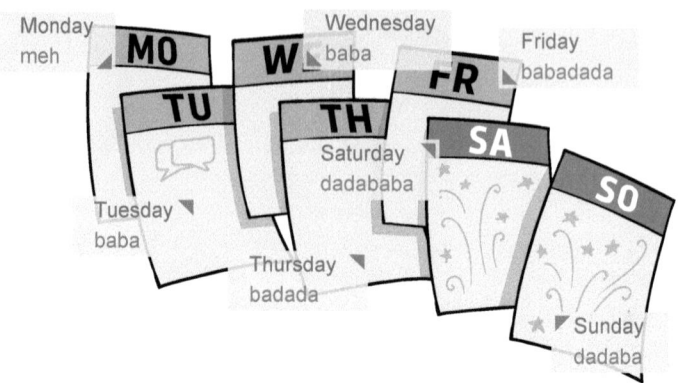

Monday
meh

Wednesday
baba

Friday
babadada

Tuesday
baba

Saturday
dadababa

Thursday
badada

Sunday
dadaba

yesterday

dadadada

today

dadababa

tomorrow

dadaba

morning

baba

noon

baba

evening

dadadada

business days

dada

weekend

baba

rain
dadababa

snow
kalt

wind
dadadada

spring
dadadada

summer
badada

autumn
bababa

winter
kalt

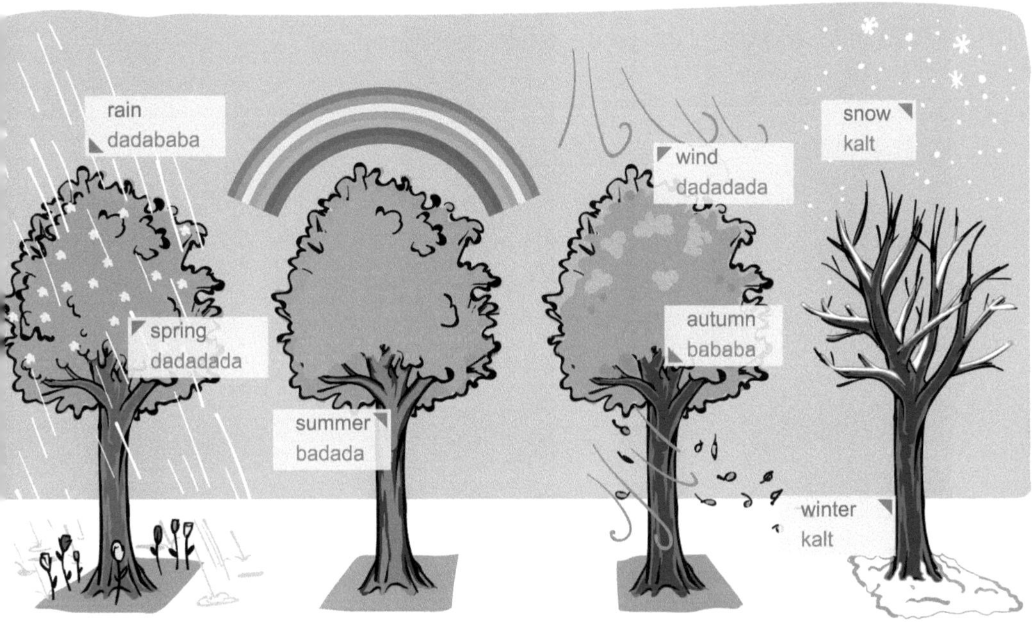

weather forecast
dadababa

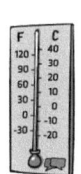

thermometer
bababa

sunshine
ba

cloud
baba

fog
dadadada

humidity
dada

lightning

dadababa

thunder

dada

storm

badada

hail

dadababa

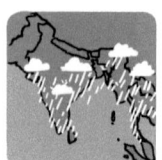

monsoon

bababa

flood

dadaba

ice

dadadada

January

dadaba

February

dadaba

March

bababa

April

dadadada

May

dadadada

June

babababa

July

baba

August

bababa

September
....
dadadada

October
....
badada

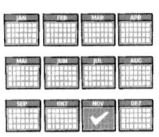

November
....
dadababa

December
....
baba

circle
....
baba

square
....
badada

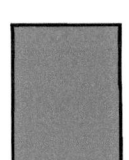

rectangle
....
dadababa

triangle
....
babababa

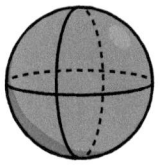

sphere
....
dadadada

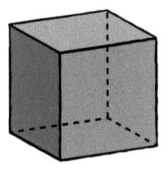

cube
....
babababa

white
....
dadababa

yellow
....
babababa

orange
....
baba

pink
....
dadadada

red
....
babadada

purple
....
dadababa

blue
....
dadadada

green
....
ba

brown
....
baba

grey
....
bababa

black
....
badada

a lot / a little

da / ba

angry / calm

da / ba

beautiful / ugly

da / ba

beginning / end

da / ba

big / small

da / ba

bright / dark

da / ba

brother / sister

da / ba

clean / dirty

da / ba

complete / incomplete

da / bada

day / night

da / ba

dead / alive

da / ba

wide / narrow

da / ba

edible / inedible

da / ba

evil / kind

da / ba

excited / bored

ba / ba

fat / thin

da / ba

first / last

ba / ba

friend / enemy

da / bada

full / empty

da / ba

hard / soft

da / ba

heavy / light

da / ba

hunger / thirst

da / bada

ill / healthy

da / ba

illegal / legal

da / ba

intelligent / stupid

da / ba

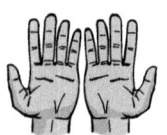

left / right

ba / ba

near / far

da / ba

opposites - dadadada

new / used
da / bada

nothing / something
da / ba

old / young
ba / ba

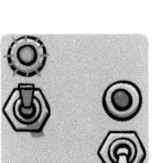

on / off
da / ba

open / closed
da / ba

quiet / loud
da / ba

rich / poor
ba / ba

right / wrong
da / ba

rough / smooth
da / ba

sad / happy
ba / ba

short / long
da / ba

slow / fast
da / ba

wet / dry
da / bada

warm / cool
da / bada

war / peace
da / ba

opposites - dadadada

0

zero

dada

1

one

a

2

two

ba

3

three

da ba da

4

four

badabada

5

five

dadababa

6

six

dadaba

7

seven

badada

8

eight

dadababa

9

nine

dadaba

10

ten

dadadada

11

eleven

badada

12

twelve

baba

13

thirteen

bababa

14

fourteen

baba

15

fifteen

babadada

16

sixteen

dadababa

17

seventeen

babababa

18

eighteen

dadababa

19

nineteen

bababa

20

twenty

dadababa

100

hundred

baba

1.000

thousand

baba

1.000.000

million

dadababa

dadadada

English

baba

American English

babadada

Chinese Mandarin

dadababa

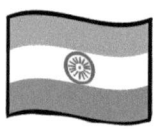

Hindi

ba

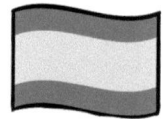

Spanish

badada

French

ohlala

Arabic

babadada

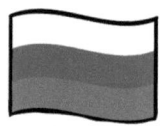

Russian

dadaba

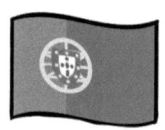

Portuguese

dada

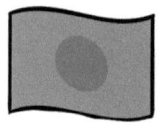

Bengali

dadadada

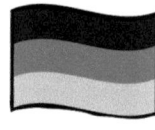

German

badada

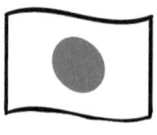

Japanese

dadadada

I

a

you

dadadada

he / she / it

da / da / da

we

o ba ma

you

bababab

they

baba

who?

dadadada

what?

dadadada

how?

baba

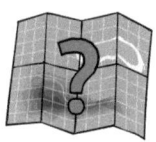

where?

babababa

when?

babadada

name

dadaba

where

babababa

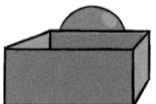

behind

baba

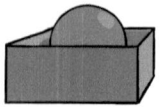

in

dadaba

in front of

baba

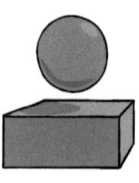

over

ba

on

baba

under

dadababa

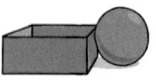

beside

babababa

between

ba

place

dada